CONSEIL CENTRAL DE SALUBRITÉ

PROJET d'ASSAINISSEMENT de la VILLE de LILLE

RAPPORT DE LA COMMISSION

LILLE,
IMPRIMERIE L. DANEL

1904.

CONSEIL CENTRAL DE SALUBRITÉ

PROJET D'ASSAINISSEMENT DE LA VILLE DE LILLE

RAPPORT DE LA COMMISSION

Messieurs,

Exposé. — Par apostille en date du 19 mars 1903, M. le Préfet du Nord a communiqué au Conseil central d'hygiène et de salubrité du département, pour avoir son avis, un projet d'assainissement de la ville, adopté par le Conseil municipal de Lille.

Dans sa séance du 25 mars 1904, le Conseil a chargé de l'examen de ce projet une commission composée de MM. Calmette, Demandre, Gruson, La Rivière, Richard, Stoclet et Thibaut.

C'est au nom de cette Commission que j'ai l'honneur de vous soumettre le présent rapport.

A plusieurs reprises, à la suite de plaintes de la Belgique et de diverses Municipalités du département du Nord, plaintes relatives à la contamination de la Deûle par le déversement des eaux d'égout de la ville de Lille, celle-ci a été mise en demeure de prendre des dispositions, soit pour envoyer ces eaux sur des champs d'épuration, soit pour n'évacuer dans les rivières et canaux que des eaux parfaitement épurées. Diverses dépêches très pressantes ont été à cet effet adressées à M. le Préfet par M. le Ministre des Travaux Publics.

La Municicipalité a constitué une Commission extramunicipale pour étudier la question. Cette Commission a été saisie de projets présentés par MM. Howatson et Faye. Elle a proposé l'adoption des propositions de ce dernier. Complétées par les soins du service des travaux municipaux, elles constituent le projet d'ensemble dont le Conseil municipal de Lille a voté l'exécution dans sa séance du 4 mars 1904.

Ce projet est basé sur l'application du système dit séparatif. Il comporte l'établissement d'un réseau de conduites destinées à recueillir toutes les eaux ménagères, les eaux des cabinets de toilette et des water-closets, à l'exclusion des eaux de pluie, de lavage et même des eaux industrielles qui continueraient à être évacuées dans la Deûle par les égouts et les dérivations existant actuellement.

Il est admis cependant qu'une certaine quantité d'eaux industrielles pourra être reçue dans la nouvelle canalisation.

Toutes les maisons devront être aménagées en conséquence et rattachées à la conduite voisine, de manière à y rejeter immédiatement toutes les eaux usées.

On évalue le volume de ces eaux, y compris l'eau nécessaire au lavage automatique des tuyaux, à 100 litres par habitant, soit 22.000 m. c. par jour. Pour tenir compte d'une partie des eaux industrielles, de l'augmentation de la population, etc. le projet est dressé en vue d'un cube journalier de 32.000 m. c., soit 145 litres par habitant et d'un débit maximum de 600 litres par seconde, très supérieur au débit moyen de 370 litres.

Les eaux sont dirigées, à l'aide de conduites en fonte, vers une usine d'épuration située sur le territoire de Saint-André, sur la rive gauche de la Basse-Deûle, en dehors des fortifications.

La propulsion des eaux est effectuée à l'aide d'appareils spéciaux, d'éjecteurs Shoone, qui doivent les élever à la cote 25 m. A cet effet, la ville est divisée en trente secteurs ou districts desservis chacun par un poste d'éjecteurs. Les eaux arrivent à chaque poste par la canalisation primaire; elles sont immédiatement et automatiquement envoyées à l'usine par la canalisation secondaire.

Toutes les rues de Lille sont pourvues de conduites recueillant les eaux usées des maisons qui les bordent et l'on a même prévu une double canalisation, de manière à réduire la longueur des raccordements, dans toutes les rues dont la largeur dépasse 12 mètres.

L'air comprimé nécessaire au fonctionnement des éjecteurs est fourni par une usine projetée près de l'usine d'épuration; il est amené aux différents postes par des conduites spéciales.

D'ailleurs des réservoirs automatiques de chasse sont prévus pour nettoyer périodiquement les tuyaux de la canalisation primaire.

Toutes les conduites d'eaux et d'air comprimé sont prévues en fonte.

D'après le projet, les eaux d'égout amenées à l'usine d'épuration doivent être traitées par le procédé bactérien. Elles passent d'abord dans des bassins de décautation dans lesquels des peignes mus mécaniquement recueillent les matières légères; puis, elles séjournent pendant 24 heures dans des fosses septiques de 4 m. de profondeur; elles sont ensuite déversées sur des lits bactériens de premier, puis de second contact et finalement rejetées dans la Deûle. Les lits bactériens de premier contact ont une surface de 28.300 mètres carrés; ceux de second contact, de 21.000 m. carrés. Leur profondeur uniforme est de 1 m. 50.

Le projet comporte en outre le remplacement de toutes les bouches d'égout, au nombre de 2.500, par un appareil, la bouche Piat, destiné à retenir les détritus et déchets et dont la vidange s'effectue à l'aide d'un chariot spécial. Il est prévu trois de ces chariots.

Toute la partie du projet qui a pour objet la réunion et l'évacution jusqu'à l'usine d'épuration des eaux usées de la ville formerait une entreprise ou une concession qui serait confiée à M. Faye et qui comprendrait l'établissement de la canalisation primaire et de ses accessoires, des réservoirs de chasse, des postes d'éjecteurs, de la canalisation secondaire, enfin de l'usine et de la conduite d'air comprimé.

D'après le cahier des charges, tous les travaux doivent être terminés dans un délai de quatre ans, à dater de l'approbation du projet définitif à présenter quatre mois après la déclaration d'utilité publique. Ils doivent être remboursés à M. Faye, dans la limite d'un maximum de 13.480.000 fr., avec une majoration de 14 % pour établissements des plans et devis, métrés, mémoires, frais généraux, aléa de maximum, etc.

Toutes les installations pour le traitement des eaux, usines, fosses septiques, lits bactériens, constructions annexes, seraient exécutées par la ville dans la forme ordinaire des travaux communaux.

Il est prévu pour ces installations et pour l'usine d'air comprimé l'acquisition de 15 hectares de terrain au prix de 10 francs le mètre, soit une dépense de 1.500.000 fr.

D'après le rapport de M. le Maire de Lille, la dépense totale est évaluée ainsi qu'il suit :

1° Travaux de M. Faye. Maximum.......	13.352.270 52
2° Traitement des eaux.................	1.905.200 »
3° Constructions annexes	563.750 »
4° Terrains............................	1.500.000 »
5° Bouches d'égout et chariots de curage.	381.600 »
Total.......	17.702.820 52

Les dépenses annuelles d'exploitation et d'entretien s'élèveraient, savoir :

Elévation des eaux résiduaires............	81.200 fr.
Entretien des machines et appareils d'élévation	21.000 »
Epuration bactérienne	28.800 »
Total.......	131.000 fr.

L'emprunt à contracter pour les dépenses de premier établissement, et amortissable en 40 ans, exigerait une annuité de 850.000 fr. environ. En vue d'assurer le paiement de ces annuités et au besoin des frais d'exploitation, il serait établi des taxes sur les propriétés bâties et non bâties de la ville.

Dans sa séance du 4 mars 1904, le Conseil municipal de Lille a adopté le projet d'assaininissement, autorisé M. le Maire à traiter avec M. Faye anx clauses et conditions du cahier des charges et du devis ; approuvé les projets des usines et bassins d'épuration ; décidé que le nouveau système des bouches d'égout ne sera définitivement adopté qu'après une expérience faite sur dix bouches ; voté enfin les mesures financières pour l'exécution.

Observations sur le système séparatif adopté par le projet. — Il est incontestable qu'à Lille, on ne pourra tenter l'expuration des eaux d'égout par un procédé quelconque tant qu'elles se mélangeront, dans les canaux intérieurs, avec celles de la Deûle dont le débit en temps ordinaire dépasse 300.000 mètres cubes par 24 heures.

Il faut nécessairement, comme l'a déjà indiqué le Conseil Central, que les eaux résiduaires soient recueillies isolément dans un réseau d'égout.

Le projet présenté prévoit l'adoption du système séparatif, c'est-à-dire l'établissement d'une canalisation spéciale recueillant uniquement les eaux usées.

Ce système a l'avantage de réduire très notablement et de rendre à peu près constant le volume des eaux à élever et à épurer, en même temps que la composition du sewage varie peu.

Mais il a l'inconvénient d'obliger à rejeter dans la rivière toutes les matières entraînées par les eaux de pluie et de lavage des rues.

Cet inconvénient paraît d'autant plus grave dans l'espèce que le projet ne prévoit l'admission dans la canalisation des eaux industrielles qu'en partie et sans rien préciser.

Peut-être la Municipalité a-t-elle l'intention d'obliger les industriels à épurer eux-mêmes leurs eaux résiduaires. Mais beaucoup d'entre eux seraient dans l'impossibilité de le faire et l'on ne comprendrait pas qu'on leur imposât une semblable obligation.

Or les usines, nombreuses à Lille, déversent dans les égouts, et de là dans la Basse-Deûle, des eaux polluées et quelquefois, comme celles des brasseries, aussi putrescibles et aussi nocives que les eaux ménagères.

Il faut nécessairement que les eaux industrielles, sauf peut-être les eaux de condensation, soient reçues dans la canalisation d'assainissement ; que les propriétaires d'usines soient, comme les propriétaires des maisons d'habitation, tenus de se relier à cette canalisation.

La Municipalité appréciera si elle doit demander l'autorisation d'imposer de ce fait des redevances spéciales.

Mais il est indispensable que le projet tienne compte des eaux industrielles et soit modifié au besoin. Il est probable d'ailleurs qu'il n'en résultera pas une sérieuse augmentation de dépense, car le volume total des eaux à écouler, fixé à 32.000 ^{mc} par jour, soit 145 litres par habitant, est très largement évalué et il suffira vraisemblablement, sans augmenter le diamètre des conduites, d'accroître la pression de l'air comprimé actionnant les éjecteurs.

Les eaux pluviales et de lavage doivent continuer à s'écouler dans les égouts actuels. Elles entraînent nécessairement des matières plus ou moins putrescibles et comme le dit le rapport de M. le Maire de Lille, il en résulterait un grave inconvénient qui rendrait nulle une partie des efforts faits par la ville pour améliorer la Deûle et, par suite, son état sanitaire général.

Pour remédier à cet inconvénient, le projet prévoit l'adoption d'une nouvelle bouche d'égout, la bouche Piat, qui retiendrait les détritus et les déchets, produirait une sorte de filtration des eaux et empêcherait en même temps le rejet dans l'atmosphère des vapeurs et gaz qui peuvent se dégager des égouts.

Il est prévu 2.500 bouches Piat et 3 charriots destinés à en faire le curage.

Malgré la filtration, les eaux pluviales, qui auront entraîné les déjections des animaux, seront encore putrescibles et susceptibles, par suite, de contaminer la Basse-Deûle. D'autre part, lors des grandes pluies, la quantité de matières retenues par les bouches sera considérable ; il sera difficile, sinon impossible, de les extraire assez rapidement ; elles seront forcément, en partie au moins, rejetées dans les égouts et dans la Basse-Deûle qu'elles continueront à envaser.

L'organisation d'un service permanent de balayage des rues et d'enlèvement des ordures et déjections pourra seule atténuer dans une certaine mesure ces graves inconvénients et ce n'est qu'à cette condition que l'on peut admettre à Lille l'application du système séparatif.

D'ailleurs la bouche Piat n'a pas encore la sanction de l'expérience et le Conseil municipal a décidé avec raison qu'elle ne serait définitivement adoptée que si elle est reconnue donner de bons résultats, après un essai fait sur dix bouches.

Cet essai devra précéder l'exécution du projet d'assainissement.

D'après le rapport de M. le Maire de Lille, cette exécution doit présenter de nombreux avantages ; elle doit notamment réaliser l'assainissement du sous-sol de Lille et une amélioration très notable des eaux d'alimentation puisées dans la nappe aquifère des environs ; elle doit permettre de supprimer les puits perdus, les fosses fixes et les vidanges et assurer le rejet dans la Basse-Deûle d'une eau parfaitement épurée.

Il est très désirable, au point de vue de la salubrité, que l'on cesse de contaminer le sous-sol et que l'on supprime les puits perdus, les fosses fixes et les vidanges.

Mais il ne faut pas espérer que l'on puisse jamais puiser dans le sous-sol de bonnes eaux d'alimentation. Il faudra, dans l'avenir comme aujourd'hui, pour obtenir des eaux saines, les demander à la distribution d'eau potable. Et la nappe qui alimente Lille, située à une certaine distance et en amont, n'est en aucune manière affectée par la contamination du sous-sol de la ville.

D'un autre côté, comme on l'a déjà dit, même en admettant que les eaux recueillies par la canalisation d'assainissement soient parfaitement épurées, la Deûle continuera à recevoir des égouts de Lille des eaux mauvaises et susceptibles de l'envaser.

L'adoption du système séparatif ne procurera donc pas tous les avantages qu'on en attend.

Mais, il améliorera la situation et on peut en admettre le principe sous les deux réserves indiquées : admission dans la canalisation des eaux industrielles et atténuation des inconvénients résultant du déversement dans les égouts actuels et dans la Deûle des eaux pluviales et de lavage des rues.

Extension de la distribution d'eau. — L'installation du tout à l'égout devant être réalisée dans toutes les maisons, il faut qu'elles soient abondamment pourvues d'eau, afin que les matières provenant des water-closets, des éviers et des cabinets de toilette puissent être rapidement entraînées et qu'il ne se produise pas dans les conduites de descente intérieures des obstructions qui seraient extrêmement désagréables et même dangereuses au point de vue de l'hygiène.

Le rapport de M. le Maire de Lille évalue le volume nécessaire à 100 litres par jour et par habitant, soit 22.000^{mc} par 24 heures. Il ne paraît pas que la distribution d'eau potable actuelle puisse fournir ce volume en toute saison. Elle devrait donc être étendue.

Peut-être pourrait-on se contenter d'établir partout une double distribution en développant la distribution industrielle, après avoir amélioré la qualité de l'eau par une filtration ou par d'autres moyens. Cette eau pourrait ainsi être employée pour les chasses dans les water-closets, pour le lavage des cours et l'arrosage des jardins, pour les chasses dans la canalisation d'assainissement et pour divers autres usages.

Il y a là une étude à faire et il est indispensable que l'extension de la distribution d'eau potable ou industrielle soit réalisée, sinon avant, au moins en même temps que le projet d'assainissement.

Ce projet ne pourra donc être approuvé que quand la ville aura présenté un projet spécial à cet effet et quand elle aura créé les ressources nécessaires pour son exécution.

Propulsion des eaux et emplacement de l'usine d'épuration. — Pour obvier au défaut de pente dans la ville de Lille, il est nécessaire, comme le prévoit le projet, d'avoir recours à un procédé mécanique pour envoyer les eaux recueillies par la canalisation à l'usine où elles doivent être épurées.

Votre commission n'a pas cru devoir rechercher s'il serait possible d'adopter d'autres appareils ou d'autres dispositions que celles qui sont proposées.

Elle reconnaît que le projet, basé sur l'emploi des éjecteurs Shoone, est à cet égard satisfaisant.

Quel que soit le mode d'épuration auquel on donnera la préférence, l'usine et les installations pour le traitement des eaux ne seront pas sans inconvénient pour le voisinage.

Dans son rapport sur le voyage en Angleterre de la Commission extraordinaire, M. Bourdon, Directeur des travaux municipaux de Lille, dit que, à Hampton, il se dégage des lits bactériens des odeurs très prononcées et très désagréables. Il en conclut que le fonctionnement des lits de ce genre à proximité des centres populeux de Lille, La Madeleine et Saint-André, ne saurait trouver son application sans de graves dangers pour la région.

On ne s'explique donc pas pourquoi le projet place l'usine, les fosses septiques et les lits bactériens précisément dans le voisinage de ces centres.

Sans doute, l'emplacement est très bien choisi pour l'usine de production d'air comprimé. Il sera même prudent d'acquérir en ce point une surface de terrain suffisante pour que l'on puisse y installer des fours destinés à l'incinération des gadoues. Cette installation s'imposera bientôt et les fours ou destructeurs doivent être peu éloignés de la ville pour que les transports des produits du balayage puissent être faits dans des conditions économiques et pratiques.

Mais les installations d'épuration doivent être établies, autant que possible, en rase campagne et à une distance assez grande des agglomérations.

Il paraît facile de trouver au delà de Saint-André, sur le

territoire de Wambrechies par exemple, un emplacement remplissant ces conditions.

Il en résultera évidemment une augmentation de dépenses par suite de la nécessité d'établir des conduites plus longues pour l'amenée des eaux infectes à l'usine et pour l'envoi à la Deûle des eaux épurées. Mais cette augmentation sera largement compensée par les économies qui seront réalisées sur les indemnités de terrains.

Le projet prévoit en effet l'acquisition de 15 hectares au prix de 10 fr. le mètre carré, soit une dépense de 1.500.000 fr. et il ne serait pas impossible que cette dépense fût largement dépassée, car il faut s'attendre à de grandes exagérations de la part des jurys d'expropriation.

A Wambrechies, les terrains coûteraient beaucoup moins cher et l'économie réalisée serait certainement supérieure aux augmentations dues à l'éloignement des installations.

Le projet paraît donc devoir être modifié en ce qui concerne l'emplacement de l'usine d'épuration.

Mode d'épuration. — Cette épuration doit s'effectuer par la méthode bactérienne.

Les eaux, après passage dans des bassins de décantation, séjourneront pendant 24 heures dans des fosses septiques ; puis, elles seront déversées sur des lits bactériens de premier et deuxième contact et rejetées ensuite dans la Deûle.

La Commission extra-municipale, à la suite des constatations qu'elle a faites en Angleterre et notamment à Manchester, a déclaré que le système bactérien devait être adopté. Mais elle a ajouté que des dispositions devraient être prises pour que l'on pût effectuer des essais sur une partie du sewage et transformer l'usine, le cas échéant, pour faire de l'épuration chimique.

Le rapport de M. le Maire de Lille précise que le traitement bactérien ne recevra son application que successivement, au fur et à mesure que les quartiers de la ville seront reliés au réseau secondaire.

Malgré ces réserves, le projet d'assainissement a été voté d'une manière ferme par le Conseil municipal de Lille. Or, les travaux de M. Faye doivent être exécutés dans un délai de quatre ans et il est certain qu'il les entreprendra à peu près simultanément dans tous les secteurs. Le service des travaux municipaux devra construire en même temps l'usine d'épuration, les fosses septiques et les lits bactériens. L'on ne pourra donc, avant la mise en service de toute la canalisation, faire l'essai d'autres procédés et transformer au besoin les installations. Il faudra nécessairement et pendant un temps assez long, appliquer à toutes les eaux usées le système bactérien.

Or, il n'est pas absolument prouvé qu'il suffira pour que ces eaux puissent être rejetées sans inconvénient dans la Deûle.

Sans doute les résultats obtenus à Manchester ont été reconnus satisfaisants; mais il s'agissait là d'eaux d'égout du système unitaire et non du système séparatif.

La Commission qui a accompagné M. le Préfet du Nord en Angleterre a posé en principe que, les eaux d'égout des différentes villes ayant une composition très variable, surtout lorsqu'elles contiennent une forte proportion de résidus industriels, il est impossible d'affirmer, sans expériences préalables, que le système biologique puisse leur être appliqué avec succès.

Dans le cas particulier de Lille, si les espérances conçues ne se réalisaient pas, la ville, après avoir fait d'énormes dépenses, se trouverait dans une situation très embarrassante. Elle pourrait même avoir aggravé la contamination de la Basse-Deûle, car, aujourd'hui, les matières fécales ne sont rejetées qu'en quantité restreinte et clandestinement dans les égouts, et l'effluent de la canalisation d'assainissement, contenant toutes ces matières imparfaitement épurées, pourrait être plus mauvais que les eaux actuellement déversées dans la rivière.

Il est donc nécessaire de procéder à des essais et la ville de Lille ne devra s'engager dans des dépenses aussi considérables que s'il est démontré d'une manière incontestable que l'on arrivera à rendre les eaux recueillies suffisamment pures pour qu'elles puissent être rejetées dans la Deûle sans la contaminer et l'envaser.

C'est bien ce qu'avait d'abord reconnu la Commission extra-municipale dans sa séance du 20 juin 1903. Mais l'essai préliminaire qu'elle avait décidé n'ayant pu être réalisé par suite de l'impossibilité de composer un échantillon moyen des eaux à épurer, elle a, le 18 août 1903, émis l'avis que le système à employer pour les eaux de Lille devait être le système bactérien.

Il est vrai que, dans sa dernière séance, elle s'est ralliée aux conclusions de M. le Maire, portant que le projet réserve entièrement l'avenir ; que, si le procédé biologique ne donne pas de résultats satisfaisants, il sera possible, sans frais nouveaux, de changer le mode d'épuration et d'essayer le traitement chimique préalable au passage sur les lits bactériens.

Or, le projet ne réserve pas l'avenir, il ne permettrait pas de réaliser en temps utile la transformation du système d'épuration ; et cette transformation exigerait certainement des dépenses qui ne sont pas négligeables.

Votre Commission est unanime à penser qu'il faut, avant tout, faire des essais, non pas des essais de laboratoire sur des échantillons, mais des essais en grand sur les eaux mêmes que l'on aura à traiter et provenant d'une partie de la ville.

Ces essais préalables sont d'autant plus nécessaires que,

s'ils démontraient qu'il est pratiquement trop difficile ou trop coûteux d'épurer d'une façon suffisante les eaux qui doivent être recueillies dans la canalisation d'assainissement, la ville pourrait être amenée à remanier radicalement son projet.

La Commission indique plus loin dans quelles conditions il devra être procédé à ces essais. Elle croit auparavant devoir présenter quelques observations, dont il pourra être tenu compte lors de la préparation du projet partiel et du projet définitif à dresser ultérieurement.

Traité avec M. Faye. — La plus grande partie des travaux 13.352.270 fr. 52 sur 17.702.820 fr. 52, d'après le rapport de M. le Maire, doit être confiée à M. Faye, concessionnaire des brevets Shoone, qui interviendrait à la fois comme architecte, comme entrepreneur et comme concessionnaire.

La délibération du Conseil municipal autorise le Maire à traiter avec M. Faye aux clauses et conditions des cahiers des charges et devis, qui constituent par conséquent les pièces du marché. Elle ne fait pas mention de la série de prix à laquelle renvoie pourtant le cahier des charges.

D'après ce cahier, la dépense ne doit pas dépasser un maximum forfaitaire de 13.480.000 fr. et, si ce maximum n'est pas atteint, M. Faye recevra la moitié de la différence à titre de prime d'économie ; toutes les dépenses doivent d'ailleurs, dans la limite du maximum, être majorées de 14 %.

Il est bien évident que la Municipalité n'a pas dû traiter avec M. Faye pour un ensemble de travaux aussi considérable uniquement parce qu'il est concessionnaire des brevets Shoone. Les postes d'éjecteurs n'entrent en effet dans le total que pour une somme de 809.000 fr., non compris la majoration de 14 %.

Il est plus probable que, cet entrepreneur ayant présenté un projet et offrant de se charger de l'exécution, la Municipalité a voulu, en traitant avec lui, éviter des mécomptes et des dépassements dans les prévisions, déterminer d'avance le montant maximum des dépenses que la ville pourra avoir à supporter et de l'emprunt qu'elle aura à contracter.

Ce mode de procéder est fréquemment adopté pour la construction des tramways par les départements ; les dépenses faites par les concessionnaires ou rétrocessionnaires leur sont remboursées, dans la limite d'un maximum, d'après les quantités de travaux et fournitures faites et aux prix unitaires d'une série de prix.

Mais les prix de cette série ne sont pas majorés de 15 ou 14 %, et les conventions fixent en même temps les conditions auxquelles les concessionnaires doivent exploiter les lignes à leurs risques et périls.

M. Faye, qui a été entendu sur sa demande par votre rapporteur, invoque le traité passé avec M. Valabrègue pour l'assainissement de la ville de Toulon et qui a été approuvé par une loi du 16 décembre 1902.

Mais, ici encore, il s'agit, non seulement de l'exécution des travaux d'assainissement, mais aussi de l'exploitation : entretien, curage, pompage des collecteurs et des égouts, épuration bactérienne des eaux résiduaires, pendant une période de dix années. Le concessionnaire reste garant de tous les ouvrages sans distinction entre le gros œuvre et les travaux moins importants, pendant toute la durée de son entreprise.

Dans l'espèce, M. Faye doit rester étranger à l'exploitation et le délai de garantie ne doit pas dépasser un an comme pour une entreprise ordinaire. L'assimilation avec les conventions relatives aux tramways ou avec le traité concernant l'assainissement de Toulon n'est donc pas possible.

D'ailleurs la ville de Lille ne serait pas complètement garantie contre les mécomptes. Elle devrait en effet se charger des acquisitions de terrains évaluées à 1.500.000 fr. et faire exécuter directement des travaux pour le traitement des eaux et les constructions annexes, d'une importance de 2.458.950 francs. Elle serait donc, malgré le traité Faye, exposée à voir se produire de notables augmentations de dépenses qui sont surtout à craindre en matière d'expropriation.

Sans doute, l'établissement des canalisations et des postes d'éjecteurs pourra donner lieu à des difficultés exceptionnelles résultant de la présence du sable boulant, de la nécessité de modifier, déplacer et refaire les nombreux aqueducs, canalisations, branchements et ouvrages divers que l'on rencontrera. Mais le cahier des charges porte que ces travaux, comme les frais d'étrésillonnements, épuisements, étaiements, batardeaux etc., seront comptés d'après les dépenses réellement effectuées.

M. Faye ne courrait donc aucun risque, sauf dans le cas où le maximum forfaitaire serait notablement dépassé et même alors, ses bénéfices pourraient être considérables, car les prix de série doivent comprendre les majorations habituelles pour faux frais et bénéfices, et il lui serait alloué en outre une majoration spéciale de 14 %, qui représente plus de 1.600.000 fr.

D'autre part, la fourniture des éjecteurs Shoone doit être faite à un prix très rémunérateur et le prix forfaitaire pour la fonte est excessif. Il est fixé à 154 francs la tonne, droits d'octroi non compris et le devis ajoute 10 % pour manchons, coudes, etc., ce qui porte le prix à 169 fr. 40, non compris la majoration de 14 %.

Or, la ville de Paris paie actuellement un prix unique de

130 fr. pour tuyaux droits et raccords de tous diamètres, rendus à l'intérieur des dépôts (1).

Comme la fourniture des conduites en fonte entre dans l'estimation pour près de quatre millions, elle pourrait donc donner lieu à un bénéfice exorbitant.

Il est vrai que l'on ne peut prévoir à quelle époque les commandes seront faites. Il est possible que le prix des fontes soit alors bien plus élevé qu'aujourd'hui et c'est sans doute contre une semblable éventualité que M. Faye a voulu se garantir.

Ce serait dans ces conditions une sorte de spéculation à laquelle l'administration supérieure ne consentira pas à se prêter.

Par tous ces motifs, votre Commission estime que le traité passé avec M. Faye ne saurait être approuvé, que la ville de Lille ne peut, pour la plupart des travaux qu'elle voudrait confier à M. Faye, se soustraire à la garantie de l'adjudication.

Si, néanmoins, le mode d'exécution proposé était admis en principe, les pièces du traité devraient être révisées et remaniées.

En effet, le cahier des charges est assez peu clair. Il stipule bien que les fontes et les éjecteurs Shoone seront payés à des prix forfaitaires. Mais il ne dit pas nettement dans quelles conditions les autres travaux et fournitures doivent être remboursés au concessionnaire.

---

(1) La ville de Lille paie les tuyaux rendus dans ses magasins ou sur les chantiers un prix de 258 fr. la tonne. Mais l'adjudication a été passée le 12 avril 1900, alors que les métaux étaient à un prix très élevé et la ville emploie des tuyaux Dolperdange, difficiles à obtenir et dont les extrémités doivent être tournées. M. Faye a cité au rapporteur diverses adjudications faites à des prix supérieurs à 154 francs la tonne. Mais cela prouve que les prix varient suivant les époques et les circonstances.

L'art. 12 stipule que, en dehors des prix forfaitaires et *de série*, tout marché passé par lui devra toujours être approuvé par la ville ; qu'il sera procédé par voie d'adjudication quand le concessionnaire le jugera favorable à ses intérêts et à ceux de la ville.

Plus loin, art. 24, il est rappelé encore que, en dehors des prix forfaitaires *et des prix et conditions de la série*, le concessionnaire devra faire approuver par la ville tous les marchés de fournitures ou de constructions ; que tous les prix ainsi approuvés seront appliqués.

Il semblerait d'après cela que les travaux et fournitures doivent être comptés aux prix de la série; qu'il n'y a aucune différence entre les prix forfaitaires et les prix de série ; que l'on ne doit porter les dépenses réelles d'après les marchés ou les adjudications que pour les travaux ou fournitures dont les prix ne figurent pas à cette série.

Le cahier des charges peut cependant être interprété autrement, comme le prouve le rapport de la sous-commission technique extramunicipale, en date du 27 décembre 1903. Il est dit dans ce rapport que la série de prix servira pour l'établissement des marchés de gré à gré ou pour les adjudications ; que la concurrence qui s'établira entre les entrepreneurs permettra le jeu du rabais et, par suite, ramènera les prix à un degré d'exactitude plus grand.

Cette sous-commission pensait donc que, en dehors des fontes et des éjecteurs pour lesquels il est prévu des prix forfaitaires, tous les travaux et fournitures feraient l'objet de marchés ou d'adjudications, alors que le cahier des charges semble dire le contraire.

Il faudrait donc au moins réviser la rédaction de ce document, de manière à éviter toute ambiguïté sur un point aussi capital.

Il y aurait lieu en outre de profiter de l'occasion pour examiner s'il ne conviendrait pas de réduire certains prix.

et la majoration de 14 %; pour réviser et vérifier les évaluations.

En effet, le devis ou estimation porte le montant total des travaux à exécuter par M. Faye, avec une majoration de 15%, à 13.479.395 fr. et cette estimation n'a pas dû être vérivée, puisque l'on y relève page 21, une erreur de 10.000 francs.

Le rapport de M. le Maire de Lille évalue la dépense à 13.352.270 fr. 52 et le Cahier des Charges, malgré une réduction de 1 % sur la majoration, réduction qui représente près de 120.000 francs, fixe le maximum forfaitaire à 13.480.000 francs.

Il est indispensable que l'on mette en concordance ces divers documents.

Charges imposées aux habitants. — Le rapport de M. le Maire de Lille évalue au minimum à 841.879 francs le montant de l'annuité qu'exigerait le service de l'emprunt à contracter.

Il prévoit en outre une somme de 131.000 francs pour l'entretien et le fonctionnement et il en conclut que la charge qui pèsera sur les contribuables du fait de l'assainissement, pendant 40 années, sera de 950.000 fr. environ.

Mais le chiffre de 131.000 fr. est manifestement trop faible. Il ne comprend que 28.800 fr. pour l'épuration bactérienne et on ne paraît avoir rien compté pour le fonctionnement de l'usine produisant la force motrice nécessaire aux dragues et à l'éclairage électrique, pour l'enlèvement des boues et détritus recueillis dans les bassins de décantation, pour l'achat au besoin de réactifs chimiques.

L'on aura à élever et à épurer, à raison de 32.000^{mc} par jour, un volume annuel de 11.680.000^{mc}. Or, à Sutton, en Angleterre, il a été indiqué que l'épuration biologique coûte

18 francs par mille mètres, ce qui correspondrait pour Lille à plus de 210.000 francs, au lieu de 28.800 francs.

A Toulon, la ville, d'après la convention déjà citée, doit payer au concessionnaire, pour tous frais d'entretien et d'exploitation applicables à un volume mensuel de 360.000 m.c. soit 12.000 mètres cubes par jour, une redevance de 15.000 fr. par mois, soit 180.000 fr. par an. A ce taux, la dépense à Lille, pour 32.000 m. c. par jour, atteindrait annuellement 480.000 fr. et non 131.000 fr.

On peut donc affirmer que le montant de la charge qui pèsera sur les contribuables ne sera pas éloigné de 1.200.000 fr., soit environ 5 fr. 50 par habitant.

Il a été dit que cette charge sera compensée par l'économie résultant de la suppression des fosses fixes et des vidanges et M. Howatson, en présentant son projet d'assainissement, a évalué cette économie à 1.451.000 fr.

Ce chiffre qui représente 6 fr. 50 par habitant est très exagéré. La dépense ne dépasse certainement pas en moyenne 2 fr. 50 et, par conséquent, les contribuables de Lille auraient à supporter, du fait de l'assainissement, des charges annuelles qui s'élèveraient au moins à 3 fr. pour chacun d'eux.

Mais, en outre, il devra être exécuté dans toutes les maisons des travaux de transformation des water-closets, de conduites et appareils pour les alimenter et pour évacuer dans la canalisation toutes les eaux usées.

Ces travaux seront à la charge des propriétaires, mais ils retomberont en fait sur les locataires.

D'après les indications qu'a données au rapporteur M. Faye, dont le projet comprend le dessin d'une maison raccordée, ces travaux, consistant en un simple raccordement et en deux siphons, l'un sous la pierre d'évier, l'autre dans la cour, coûteraient environ 150 à 200 fr. pour chacune des maisons ordinaires qui constituent les quatre cinquièmes des immeubles.

Pour les maisons à loyer, les maisons de maître, les cités ouvrières et les usines, la dépense ne dépasserait pas selon lui 300 à 400 fr.

Il admet, il est vrai, qu'aucune autre dépense n'est indispensable ; que les chasses d'eau, désirables au point de vue hygiénique, ne sont pas plus indispensables que lorsqu'il y a des fosses.

Votre Commission ne saurait partager cet avis. Elle estime qu'il serait à peu près inutile de dépenser de grosses sommes pour la suppression des fosses fixes, si l'on devait conserver les water-closets ordinaires et sans chasses d'eau qui sont peut-être plus nuisibles encore.

A Toulon, un arrêté municipal, rendu en exécution de l'art. 9 de la loi du 16 décembre 1902, porte que « les » cabinets d'aisance, établis en nombre suffisant dans » chaque immeuble, devront être disposés de manière que » la cuvette reçoive, à chaque évacuation, la quantité d'eau » nécessaire pour produire une chasse suffisamment » vigoureuse ».

On devra agir de même à Lille et la dépense à faire dans chaque maison sera beaucoup plus considérable que ne l'a indiqué M. Faye.

M. Howatson avait proposé de se charger des travaux pour le compte des propriétaires, moyennant le paiement d'annuités variant de 28 fr. pour une installation de 500 fr., à 84 fr. pour une installation de 1.500 fr.

Il admettait donc que la dépense minima pour un immeuble s'éléverait à 500 fr. et ce chiffre ne paraît pas excessif.

Si l'on prend seulement une moyenne de 600 fr. par maison, on arrive, pour les 29.500 maisons de Lille, à un total de 17.700.000 fr. qui doublerait par conséquent le coût des travaux d'assainissement.

Ce total, au taux de 5%, représente une charge annuelle de 885.000 fr., soit environ 4 fr. par habitant.

On peut donc dire, si l'on tient compte de l'augmentation de la consommation d'eau et de l'entretien des appareils, que l'assainissement imposerait en moyenne, à chacun des habitants de Lille, une dépense annuelle de plus de 7 fr.

C'est une charge très lourde pour une population composée en grande partie d'ouvriers ou de petits commerçants et c'est un nouveau motif pour n'engager d'aussi grandes dépenses que si l'on est absolument sûr que l'on obtiendra des résultats tout à fait satisfaisants.

Essais à faire. Projet partiel. — Comme on l'a vu, il faut, avant d'entreprendre l'exécution du projet d'ensemble, faire l'essai du système d'épuration proposé, et, le cas échéant, expérimenter d'autres procédés, notamment le procédé chimico-bactérien.

On ne peut se contenter d'essais de laboratoire qui seraient insuffisants et l'on arriverait difficilement à composer, pour ces expériences, des échantillons moyens des eaux que l'on aura à épurer.

Il faudra donc se résoudre à exécuter le projet d'assainissement dans une partie de la ville.

On peut objecter que l'on ne procède pas de la sorte à Toulon ; que le projet d'ensemble a été approuvé sans l'exécution préalable d'un projet partiel.

Mais il est urgent, dans cette ville, d'assurer l'évacuation des vidanges, et les eaux épurées par la méthode bactérienne, dont on prévoit le déversement en petite rade, pourraient, en cas d'insuccès dans l'épuration, être rejetées en pleine mer.

A Lille, la situation n'est pas du tout la même, puisque

toutes les maisons possèdent ou doivent posséder des fosses fixes et puisque les eaux doivent nécessairement être déversées dans la Basse-Deûle, dont la contamination pourrait s'aggraver du fait de l'établissement du tout à l'égout.

Cette différence de situation justifie la nécessité de faire à Lille un essai en grand, dont on a pu se dispenser à Toulon.

Pour cet essai, il conviendra de choisir deux des secteurs ou districts du projet d'ensemble, par exemple le secteur N° I, qui comprend les abattoirs et dont les eaux sont particulièrement mauvaises et l'un des secteurs voisins Nos II et III. Les essais devront être combinés de manière à traiter d'abord isolément les eaux de chacun des secteurs et ensuite le mélange desdites eaux.

Il serait possible de détacher du projet d'ensemble, convenablement revu et remanié, les travaux à faire dans ce but et même de traiter dès maintenant pour le tout avec M. Faye, sous réserve de résiliation au cas où, après l'exécution du projet partiel et après les essais, on devrait renoncer à poursuivre les travaux tels qu'ils sont prévus.

On pourrait de la sorte n'avoir pas à revenir devant les pouvoirs publics.

Mais, votre Commission pense qu'il serait préférable qu'un projet partiel fût dressé et exécuté par les soins du service municipal des travaux.

La ville conserverait ainsi sa liberté d'action pour l'avenir et l'on aurait des indications précises sur les prix et conditions à prévoir pour continuer et achever les travaux d'assainissement.

L'on ferait, bien entendu, en même temps l'essai des bouches Piat, de manière à être fixé sur la question de savoir si les eaux pluviales et les eaux de lavage des rues pourront, sans de graves inconvénients, être, comme aujourd'hui, déversées dans la Deûle.

Il faudra exécuter, dans les deux secteurs choisis, les travaux d'aménagement des maisons et établissements de toute nature et c'est là une grande difficulté, car l'on ne pourra imposer ces travaux aux propriétaires des immeubles, alors que les autres habitants n'auront pas à supporter les mêmes charges.

La ville sera sans doute conduite à exécuter elle-même ces installations, sauf à se faire rembourser ultérieurement par les propriétaires, lorsqu'elle sera autorisée à exiger partout l'établissement du tout à l'égout.

L'intervention du Parlement sera certainement nécessaire pour l'exécution du projet partiel. Mais il ne paraît pas possible d'agir autrement.

La Commission doit se borner à ces indications. Il appartiendra à la Municipalité d'étudier et de présenter une combinaison admissible pour procéder à des essais indispensables.

Il y a lieu d'ailleurs de remarquer que, s'il en résulte des pertes de temps pour la réalisation du projet d'ensemble, la situation sera néanmoins bien améliorée par l'exécution du projet partiel, attendu que les eaux des abattoirs de Lille sont de beaucoup celles qui contribuent le plus à la contamination de la Basse-Deûle.

Conclusions. — En conséquence, la Commission propose au Conseil Central d'émettre l'avis suivant :

1° Le projet d'assainissement de la ville de Lille, adopté par le Conseil municipal n'est pas susceptible, en l'état, d'être pris en considération.

2° Il convient d'inviter la Municipalité à étudier un projet partiel comprenant deux des secteurs du projet d'ensemble, y compris celui des abattoirs, de manière que l'on puisse procéder à des essais en grand du mode d'épuration projeté et au besoin d'autres procédés.

3° Pour la rédaction de ce projet et ultérieurement pour la préparation du projet d'ensemble définitif, il devra être tenu compte des observations suivantes :

a) Les eaux usées à recueillir par la canalisation d'assainissement devront comprendre les eaux industrielles, à l'exception des eaux de condensation qui pourront continuer à être rejetées dans les égouts actuels ;

b) Il devra être pris des dispositions pour atténuer, en ce qui concerne la contamination et l'envasement de la Basse-Deûle, les inconvénients résultant du déversement dans ces égouts des eaux pluviales et de lavage des rues ;

c) L'usine et toutes les installations pour l'épuration des eaux devront être établies en rase campagne et être éloignées de toute agglomération ;

d) Il devra être prévu que les travaux seront exécutés, non par voie de concession, mais dans la forme ordinaire des travaux communaux et par adjudication ;

e) Subsidiairement, si la Municipalité est autorisée à traiter avec M. Faye, les pièces du marché et de la convention devront être révisées et remaniées, de manière à définir d'une façon très précise les obligations de l'entrepreneur ou concessionnaire, les conditions d'exécution et le mode d'évaluation des ouvrages.

4° La Municipalité devra présenter un projet spécial pour l'extension de la distribution d'eau de la ville et créer les ressources nécessaires pour son exécution, de façon que cette extension puisse être réalisée en même temps que le projet d'assainissement.

Lille, le 17 mai 1904.

Le Rapporteur,
GRUSON.

Lille Imp. L. Danel

www.ingramcontent.com/pod-product-compliance
Lightning Source LLC
Chambersburg PA
CBHW062001070426
42451CB00012BA/2401